Ik9,2

LETTRE

ADRESSÉE A MESSIEURS

Les Directeurs de la chambre de commerce de Guienne, sur les colonies, &c.

PAR M. HACHE,
négociant à Bordeaux.

1789.

LETTRE
ADRESSÉE
A MESSIEURS

Les Directeurs de la chambre de commerce de Guienne, sur les colonies, &c.

Avant de vous offrir quelques réflexions sur nos îles de l'Amérique, permettez-moi de demander pourquoi le commerce de la France est encore si loin du terme auquel il pouvoit atteindre.

Ce manque de développement paroît avoir principalement sa cause dans la position même de la capitale de notre royaume, à qui la nature a refusé un port, une rivière navigable.

Privé de ce bienfait, Paris, étranger en quelque sorte aux affaires maritimes, n'a jamais pu s'y intéresser que foiblement, et ses immenses capitaux, qui l'auroient mis à même de se livrer aux plus vastes spéculations, sont devenus inutiles pour le commerce, qu'ils auroient animé, et ont été employés à des opérations de finance : mais ce n'est pas là le seul mal.

Long-temps en France une ignorance orgueilleuse a fait regarder le commerce comme un état abject. Il a fallu des ordonnances de nos rois qui déclarassent qu'il ne dérogeoit pas. Ces ordonnances, le concours des lumières et de la réflexion, ont enfin opéré dans les esprits une révolution qui leur a fait secouer ce préjugé étrange. Jusques là la profession du commerce étoit réputée vile, du moins par les Nobles et les Grands, qui possesseurs de terres pour la plupart, se bornoient à en consommer le revenu, sans s'être jamais donné la peine de songer que les terres ne rapportent que par les denrées qu'elles produisent ; que ces denrées n'ont de valeur qu'autant qu'elles ont un débouché ; et que ce débouché ne s'obtient que par le commerce. Ils devoient à son influence leurs richesses dont il étoit la source, et ils le méprisoient, comme s'il eût pu éteindre la passion du François pour les armes et la gloire, tandis que l'exemple de l'Angleterre prouve qu'un peuple peut être tout à la fois commerçant et guerrier.

Mais Londres, séjour des Grands et des hommes placés à la tête de l'administration de l'Angleterre, avoit un port, recevoit des vaisseaux, et les trésors que ces vaisseaux rapportoient frappoient les yeux de tout le monde, allumoient dans tous les coeurs le desir d'avoir part à tant de richesses, invitoient toutes les classes à s'intéresser dans les opérations du commerce, et le faisoient envisager enfin sous son vrai point de vue, c'est-à-dire, comme une profession noble nécessairement, puisqu'elle est une cause de la prospérité publique. De là cet appui qu'en Angleterre il a toujours reçu de la protection, non seulement des Grands, qui ont toujours senti qu'ils étoient intéressés à le voir fleurir ; mais encore des chefs de l'etat, qui placés au centre du commerce, puisque Londres etoit le port le plus commerçant du royaume, se trouvoient plus à portée de l'étudier, d'en connoître les détails, d'en saisir les rapports, et de se perfectionner dans l'art de l'administrer.

Croit-on maintenant que si, comme Londres, Paris avoit eu un port capable de recevoir des vaisseaux, le commerce de la France ne seroit pas parvenu à un plus haut degré de splendeur ? D'abord l'idée de dérogeance ne seroit jamais entrée dans une tête raisonnable, et il est aisé de sentir combien cette idée a nui aux progrès du commerce, soit en détournant une portion considérable de la nation de l'embrasser ; soit en le faisant abandonner par ceux qui, après y avoir amassé quelque fortune, se hâtoient d'acheter quelque place qu'ils supposoient devoir leur procurer plus de considération. En effet, les Grands, que la Cour et les délices de la capitale ont toujours fixés à Paris, témoins des succès des négocians de cette ville, ne seroient pas restés simples spectateurs de leurs opérations ; il est hors de doute qu'ils y auroient pris part. L'exemple de la haute Noblesse n'auroit pas tardé à entraîner les autres gentilshommes, qui, cessant de se repaître de chimères, se seroient attachés à la réalité, en s'adonnant à une profession honnête, et qui devenoit pour eux une ressource de plus, un moyen de plus de s'occuper : car en supposant que la profession des armes soit plus particulièrement dévolue à la Noblesse, si le service militaire ne peut employer que la moitié des Nobles du royaume, il faut que l'autre moitié reste oisive : mais alors quelle charge pour l'état, quelle charge pour eux-mêmes, que des hommes condamnés à l'oisiveté, et retenus par l'ignorance et par le préjugé de s'adonner à une profession qui, en faisant cesser leur désoeuvrement, auroit ajouté à leur bien-être !

D'un autre côté le gouvernement François, plus familiarisé avec le commerce, l'auroit protegé plus efficacement, parce qu'il en auroit mieux connu les principes ; et peut-on croire que tant d'hommes célèbres, qui, dans la carrière de la politique et de la direction des affaires intérieures, ont développé de si grands talens, en auroient montré de moindres dans l'administration du commerce, s'ils avoient pu voir, juger par eux-mêmes, et rassembler enfin ces connoissances qu'on ne peut acquérir qu'autant qu'on va les puiser à la source *, au lieu que loin de la

---

* Le commerce se plaint, et avec assez de fondement, que lorsque les appels des jugemens rendus en première instance dans les affaires maritimes, sont portés devant une cour établie dans quelques villes de l'intérieur, il est rare d'y trouver des hommes de loix suffisamment versés dans ces sortes d'affaires pour bien les instruire et même les juger. Ne deviendroit-il pas avantageux pour le commerce qu'on établit dans chacun des ports de Rouen, Nantes, Bordeaux & Marseille, une cour supérieure d'amirauté où ressortiroient les amirautés inférieures de leur arrondissement ? Il est incontestable que dans ces ports les hommes de loix trouveroient plus d'occasions de

mer, ils n'ont pu souvent étudier le commerce que sur des memoires exagérés, inexacts ou infidèles. Mais quelle idée le plus grand homme peut-il se former des choses avec des secours aussi insuffisants ? Et doit-on être surpris que dans tant de traités avec les autres peuples commerçants, la France n'ait pas souvent mieux soutenu ses droits ni ménagé ses avantages ?

C'est au concours de toutes ces causes qu'on peut attribuer et les obstacles qui ont arrêté les progrès de notre commerce, et l'imperfection des loix et du système, qui devroient servir à le diriger. On n'aura pas de peine à se convaincre de cette imperfection, si l'on considère, 1°. cette foule d'ordonnances et de décisions si compliquées, si obscures, si contradictoires, et qui des bureaux de la ferme ont fait autant d'antres de la chicane, où le plus souvent le préposé à la recette des droits ne sait pas plus ceux qu'il faut percevoir, que le contribuable ne connoît ceux qu'il doit payer. 2°. Ces libertés, ces privilèges destructifs accordés si facilement, et sans avoir pris auparavant ces précautions si naturelles, et qui seules peuvent garantir de la précipitation et de l'erreur ; savoir ; la discussion et l'avis des personnes intéressées. 3° Enfin l'irrésolution et l'incertitude de tant de déterminations de l'autorité, qui, tenant les négocians dans un état de crainte continuelle, leur fait souvent douter si on leur permettra encore demain ce qu'on les a autorisés et même encouragés à faire aujourd'hui.

Ce qu'on vient de dire de la position du commerce peut s'appliquer également à nos colonies. Sans régime, sans loix fixes, et constamment soumises à une autorité toute arbitraire,

---

rassembler les connoissances nécessaires pour discuter de semblables questions. Et combien ces nouvelles cours d'amirauté ne pourroient-elles pas former de grands magistrats pour les conseils du Roi, si les sujets qui se destinent à entrer dans le corps des maîtres des requêtes, & qui ne peuvent y être admis qu'après avoir servi pendant quelques années dans une cour souveraine, étoient obligés de faire ce service dans une des cours d'amirauté ? C'est dans ces cours où, bien mieux que dans aucune cour souveraine de Paris, ils prendroient des idées, ils puiseroient sur le commerce des principes dont ensuite ils feroient l'application quand le moment d'opiner au conseil seroit arrivé pour eux.

leur sort est en quelque façon dans la main d'un petit nombre d'hommes chargés de leur gouvernement. Si ces hommes ont des vertus et des talents, alors les colonies éprouvent quelques instants de tranquillité, et même de bonheur. Mais que de cet état d'un bonheur passager il y a loin encore à la prospérité permanente dont elles pourroient jouir avec une administration établie sur une base invariable! De ce défaut d'administration fixé, si nuisible à leur régime intérieur, résulte encore cet état de guerre où elles sont continuellement avec les négociants de la métropole, ces plaintes réciproques, et qui de part et d'autre annoncent des griefs peut-être trop fondés.

Pour bien juger de ces plaintes il convient d'examiner le rapport mutuel de la France avec ses colonies, et ce qu'elles se doivent réciproquement. Cet examen doit être fait avec le désintéressement et l'impartialité dont le sujet et les circonstances font un devoir à tout François, qui dans le moment actuel se détermine à écrire sur les affaires publiques; car s'il se laisse guider, soit par l'intérêt personnel, soit par l'esprit de corps, qui n'est pas moins dangereux, ce n'est plus la patrie, c'est lui, c'est son corps qui l'occupe; mais peut-on songer à soi, peut-on préférer la cause de son corps à la cause publique, dans un instant où le sacrifice généreux de toutes vues personnelles peut seul opérer le bien de l'état?

L'inquiétude et le hasard, plutôt qu'aucune combinaison suivie, paroissent avoir d'abord guidé les pas des nations commerçantes de l'Europe, qui les premières cherchèrent à acquérir des possessions dans les autres parties du monde; mais il n'est point naturel de penser qu'elles n'eussent que le vain désir d'augmenter l'étendue de leurs territoires, en y ajoutant des territoires nouveaux qui leur seroient devenus à charge par cela seul qu'ils ne leur auroient pas été utiles. On doit croire au contraire qu'elles n'eurent en vue que l'accroissement de leur commerce. Mais ces nations, alors aussi peu éclairées que leur siècle, s'imaginèrent que leur commerce n'auroit que foiblement profité de l'acquisition de ces possessions nouvelles, si les étrangers avoient été admis à y trafiquer concurremment avec elles. De là le parti qu'elles prirent de n'en accorder l'entrée qu'aux nationaux. Cette exclusion donnée aux étrangers ne fut pas proprement l'effet de la tyrannie, et n'eut pas pour objet l'oppression des colonies. Il étoit fondé sur la nature des choses, du moins d'après l'idée que les nations s'en étoient faite. En effet, et d'après ces idées, de quoi auroit servi à la France, par exemple, d'avoir des colonies, pour en partager la jouissance avec les étrangers, et rester seule chargée des frais d'entretien et de garde ? Il auroit mieux valu alors les laisser libres ; mais il auroit fallu en même temps que les autres nations conquérantes eussent adopté le même système, qui sans doute, en prévenant bien des horreurs, bien des atrocités, n'auroit pas privé l'Europe de ce surcroit de jouissances qu'elle tire de l'Amérique. Malheureusement tant de modération, tant de raisonnement, n'appartenoit pas au siècle qui vit découvrir le nouveau monde. Tous les conquérants voulurent s'approprier exclusivement leurs conquêtes, et la conduite de l'un entraîna et força celle de l'autre. De là l'origine du privilège exclusif que se sont réservé toutes les métropoles : et en cela le sort des colonies Françoises est celui de toutes les autres, et leur condition n'est pas pire.

Je sais que du fond de nos îles une voix s'est élevée, qui a voulu faire entendre qu'elles avoient des privilèges, et qui mettant les îles à l'égal de certaines provinces du royaume, lesquelles ont des capitulations, a demandé l'exécution de celles prétendues subsistantes entre la France et ses colonies.

La découverte de l'Amérique ne remonte pas à une époque assez reculée, pour qu'on ignore l'origine de l'établissement des Européens dans cette partie du monde, et les circonstances qui l'ont accompagné. Il s'agit d'examiner s'il se trouve quelques-unes de ces circonstances qui puisse favoriser la prétention des îles Françoises.

L'Espagne étoit au terme de ses conquêtes dans le nouveau monde, lorsque la France songea à envoyer quelques armements dans les Antilles, dont presque toutes les îles avoient été reconnues, visitées et soumises par les Espagnols : mais les riches métaux que le continent avoit offert à leur avidité, leur avoient fait bientôt négliger ces îles, qui ne présentoient que des terres fertiles à cultiver.

Alors la France, très-occupée de la guerre, l'étoit très-peu du commerce : alors les gouvernements de l'Europe ignoroient l'emploi de ces moyens dont on les a vus depuis faire usage, lorsqu'il a été question de former quelques établissements importants. Ceux des François dans les Antilles se réduisirent d'abord à bien peu de chose. Quelques peuplades jetées de temps en temps dans quelques îles, et ensuite abandonnées à elles-mêmes, c'est à quoi la France borna ses premiers efforts pour s'établir dans l'archipel du nouveau monde.

DE ces peuplades éparses sur différentes îles, plusieurs s'étoient fixées sur la côte du Nord de Saint-Domingue, où elles s'adonnèrent à la chasse. On sait que les guerres qui désoloient alors les mers de l'Amérique, et la conduite oppressive des Espagnols, donnèrent naissance à cette association d'hommes extraordinaires connus sous le nom de flibustiers, qui se liguèrent contre l'Espagne, et servirent la querelle de plusieurs peuples de l'Europe, alors en guerre avec elle.

IL falloit à ces flibustiers quelque lieu de retraite, quelque point de ralliement. Ils en trouvèrent plusieurs dans les îles des Antilles, et notamment sur la côte du Nord de Saint-Domingue. C'est là que parmi les boucaniers ils alloient souvent se recruter et chercher des compagnons d'aventures.

LA France n'avoit pas tardé à s'appercevoir que les chasses des boucaniers et les courses des flibustiers ne lui étoient d'aucun avantage, et qu'elle en auroit bien plus à les attacher à la culture. Aussi avoit-elle envoyé à Saint-Domingue quelques chefs intelligents qui s'efforcèrent de leur inspirer le goût d'une vie plus sédentaire. Mais que purent sur des hommes errants et vivant de brigandages les sollicitations de ces chefs ? D'ailleurs les guerres alors très-fréquentes fournissoient à ces aventuriers trop d'occasions de satisfaire leurs passions pour la course et le pillage ; et on se doute que si les instances des chefs furent sans effet, leur pouvoir encore mal établi n'eut pas plus de force sur des hommes indisciplinés et accoutumés à ne connoître aucune subordination.

LA paix entre l'Espagne et ses ennemis pouvoit seule apporter un changement à cet état des choses. Elle vint mettre un terme aux ravages qui désoloient les mers de l'Amérique, et bientôt l'alliance de la France avec l'Espagne ôta aux flibustiers l'espoir de les voir renouveller. Alors les établissements François dans les Antilles commencèrent à prendre une consistance ; jusques là ils n'avoient été que précaires. Alors nos droits sur la partie du Nord de Saint-Domingue furent reconnus par l'Espagne, qui d'abord avoit fait la conquête de l'île entière : alors les boucaniers et les flibustiers ne pouvant plus se livrer à la chasse ni à la course, furent obligés de chercher dans la culture d'autres moyens de subsister.

On demande maintenant s'il y a là rien qui annonce que nos îles ou quelques-unes d'elles aient appartenu aux aventuriers, dont sont descendus ou qu'ont remplacés les colons actuels, rien qui justifie enfin qu'elles ont été réunies à la France par des capitulations entre elle et ces aventuriers.

Une nation ne peut traiter que d'égal à égal, et les flibustiers n'ayant jamais formé une nation, la France n'a pas pu traiter avec elle. Une nation ne peut traiter que de sa propriété, et jamais les flibustiers n'en ont eu aucune comme nation, ou bien ils auroient des droits sur presque toutes les îles de l'Amérique ; car ils les ont fréquentées presque toutes. Une nation doit être reconnue par d'autres nations, et aucune n'a reconnu les flibustiers pour telle. Sans doute ils auroient pu par la suite en former une ; car les brigands qui fondèrent le plus vaste empire de l'univers ne composèrent pas d'abord une association aussi célèbre que celle des flibustiers ; mais les fondateurs de Rome commencèrent par posséder comme nation, et la possession mène à la prescription dont le bénéfice est commun aux peuples comme aux individus, tandis que les flibustiers n'ont jamais possédé comme nation, et par conséquent n'ont pas pu prescrire. À la vérité ils ont formé un corps ; car on ne sauroit appeler autrement la réunion de plusieurs hommes, mais ce corps n'eut jamais de chef ni aucune de ces marques qui caractérisent une nation. Enfin il fut un assemblage si extraordinaire, que l'histoire ne fournit aucun exemple d'association pareille.

Les aventuriers n'ont donc rien cédé à la France, puisqu'ils n'avoient aucune propriété. Obligés par les circonstances de renoncer à une vie errante, ceux que leur origine ou l'habitude de vivre avec des François attachoient à la France, restèrent sous sa domination. Dans le fait il falloit bien opter de celle-là ou de toute autre ; car enfin croit-on que les flibustiers eussent pu se soustraire au joug des Européens, et former un peuple indépendant ? Qui ne voit que cette nation nouvelle auroit porté ombrage aux autres puissances, et sur-tout à l'Espagne, qui n'auroit pas tardé à attaquer des voisins si dangereux, mais devenus trop foibles pour lui opposer seuls une grande résistance ? Force leur fut de renoncer même à l'idée d'une indépendance qui n'auroit pas pu se maintenir. Et d'ailleurs quelle île des Antilles auroient-ils habitée ? En étoit-il une qui leur appartint ?

C'est en vain que les colonies voudroient tirer avantage de quelques promesses faites au nom du Roi aux premiers habitants des îles Françoises, de les maintenir dans certains privilèges. Ces promesses peuvent-elles être regardées autrement que comme un moyen employé pour calmer des hommes inquiets et turbulents ? Et dans des moments difficiles ne voit-on pas tous les jours l'autorité se servir de semblables moyens, et même paroître céder plutôt que d'user des voies de rigueur ; et peut-on regarder ces promesses et cette condescendance comme une capitulation capable de lui faire perdre rien de ses droits légitimes ?

Ce seroit ici le cas d'examiner si ces capitulations avec certaines provinces sont un contrat tel qu'il doive raisonnablement toujours lier l'état qui les a accordées. Les peuples n'aiment pas qu'on les cède, qu'on les troque comme une marchandise ou un immeuble ; et lorsqu'une alliance, une cession, un échange, les fait passer sous une autre domination, la politique veut que pour diminuer la répugnance qu'ils ont à changer de maîtres, on leur conserve l'exercice de beaucoup de leurs anciens droits ; mais lorsque la génération ainsi réunie a fait place à une génération nouvelle, et que par une suite du temps et un effet de ses liaisons et de ses relations, celle-ci dégagée des préjugés de l'ancienne, s'est identifiée avec la nation dont elle fait partie, et en a pris le caractère et l'esprit, est-il alors si nécessaire qu'elle conserve encore ses privilèges ? Sans doute dans des moments d'oppression et de tyrannie c'est pour ces provinces privilégiées une consolation de croire que leurs capitulations les mettront à l'abri des vexations auxquelles elles voient d'autres provinces en butte; mais quand la constitution est en vigueur, quand les loix ont autant de force que les institutions humaines en comportent, qui ne sait que tant de privilèges contrarient souvent les meilleurs projets, et gênent beaucoup la marche du pouvoir exécutif, par la difficulté et même l'impossibilité de concilier tant d'intérêts divers et opposés ? D'ailleurs, et j'en appelle au patriotisme et à l'équité des habitants des provinces privilégiées, pourquoi le sort de l'habitant de la Normandie seroit-il plus dur que le sort de l'habitant du Languedoc ? N'ont-ils pas un père commun, le même roi ? N'ont-ils pas une même mère, la commune patrie ? Et ne doivent-ils pas supporter également les mêmes charges, puisqu'ils sont appellés tous les deux à partager également les mêmes avantages ? La France touche au moment de voir finir ses malheurs. Combien les provinces faciliteroient cette heureuse et grande révolution, si elles avoient le bon esprit de renoncer à tous privilèges particuliers, et de consentir à être toutes traitées à l'avenir sur le même pied d'égalité. C'est déjà trop sans doute de tant d'exemptions accordées aux corps et aux individus, et les effets qui en résultent sont déjà assez funestes, sans qu'il soit besoin d'augmenter le mal, en étendant ces privilèges aux provinces, c'est-à-dire, en leur fournissant les moyens de chercher à rapporter tout à elles, à faire tout pour elles, et rien pour la patrie. Et combien cette triste faculté deviendroit plus nuisible encore, si l'établissement des administrations provinciales, donnant aux provinces une existence qu'elles n'ont pas connue jusqu'ici, les mettoit par là plus à portée de chercher à faire valoir ces privilèges, à les étendre! Quelles sources de querelles et d'animosités entre ces provinces, lorsque déjà entre les corps, entre les individus, il y en a tant ! Mais revenons aux colonies.

Elles n'ont aucune capitulation dont elles puissent réclamer l'exécution. Elles sont absolument sous l'empire et sous le joug de la métropole. Mais après tout ce joug doit être raisonnable; et à Dieu ne plaise qu'un François propose de les opprimer dans le temps même où la France, fatiguée du poids de ses chaînes, s'occupe de les rompre, et d'y substituer des liens, qui sous un bon gouvernement, ne semblent jamais durs, parce que s'ils assujettissent l'homme et le tiennent attaché à l'ordre social, c'est pour lui en faire goûter les avantages et les douceurs.

Cependant, en réclamant la jouissance de semblables avantages, nos colonies ne sauroient se dissimuler que dans le système actuel, c'est-à-dire, quand les autres nations nous ferment l'entrée de leurs possessions de l'Amérique, il seroit contre toute raison de leur ouvrir l'entrée des nôtres. Il résulte de là que le produit de la culture de nos îles doit passer exclusivement par nos mains. Au reste si cette nécessité se présente d'abord sous un aspect allarmant pour elles, elles ne tarderont pas à voir dissiper leurs craintes lorsqu'elles considèreront que si leurs denrées, qui font véritablement toute leur richesse, doivent être un des principaux aliments de notre commerce national, plus ces denrées seront abondantes, plus les ressources de notre commerce augmenteront, et plus il sera intéressé par conséquent à contribuer au progrès de la culture dans nos îles.

Cette vérité ne sauroit être trop méditée par les colons et par les négociants, que tout doit inviter à se rapprocher, à se soutenir, à se prêter un appui réciproque, puisque l'intérêt des uns tient et est absolument lié à l'intérêt des autres.

Outre l'intérêt du prix des terres, il faut que leur produit paie encore les dépenses nécessaires à leur exploitation. Ces dépenses consistent principalement en main d'oeuvre, laquelle est susceptible d'être plus ou moins chère, et c'est le prix des comestibles qui généralement en détermine la cherté. Si dans des moments la cherté des comestibles est telle qu'elle double, par exemple, le prix que devroit coûter la main d'oeuvre, il faut alors que la vente des denrées produites par la culture s'élève à une valeur qui dédommage le cultivateur de ce que lui a coûté l'augmentation de la main d'oeuvre; autrement sa ruine entraîneroit celle de la culture.

Ces principes peuvent s'appliquer à la culture de tous les pays; mais il faut convenir qu'il existe une différence frappante entre celle des métropoles et celle de leurs colonies, et que la condition de l'une est bien plus favorable que la condition de l'autre. En effet dans les métropoles tout tend à la plus grande liberté du commmerce des grains et des autres fruits de la terre, et par conséquent à favoriser la culture en augmentant le débouché et la meilleure vente de son produit ; au lieu que dans les colonies tout tend à restreindre cette liberté, et à concentrer le commerce des denrées coloniales seulement parmi les negociants de la métropole ; ce qui pourroit entraîner des suites funestes pour la culture dans les colonies, si une administration judicieuse et éclairée ne s'occupoit d'y porter remède.

Examinons actuellement si dans les nôtres les comestibles sont généralement assez abondants pour que leur prix n'y influe pas trop sur celui de la main d'oeuvre, et qu'à son tour elle ne renchérisse pas trop les frais de la culture.

Il paroît constant que la nourriture des blancs et des hommes libres peut généralement leur être fournie par le commerce de la France, et que, hors quelques circonstances rares, jamais elle ne sauroit être au-dessus de leurs moyens. Leurs ressources et leurs bénéfices sont en proportion de leurs depenses, et il en est d'eux comme des habitants des grandes villes, où la vie est plus chère que dans les villes petites et écartées, ou dans les campagnes ; mais aussi où les gains sont plus grands, et permettent de payer les comestibles un prix plus haut.

Mais dans nos îles la culture des terres est confiée aux Nègres, et on sent combien il est important que leur nourriture ne soit pas trop coûteuse.

Des végétaux et des salaisons composent cette nourriture. Leurs habitations fournissent généralement à nos colons les végétaux nécessaires à leurs esclaves ; mais les colonies sont exposées aux ravages des ouragans qui détruisent les plantes, et principalement celles destinées à nourrir les Nègres. Le commerce de la France ne pourroit pas remplacer facilement ce vide, ou ne le feroit qu'à un prix trop au-dessus de celui que la culture des terres permet d'y mettre, sur-tout dans ces moments de calamité. Il devient indispensable de recourir alors à l'étranger, et d'en recevoir des vivres que la métropole ne peut fournir.

Les salaisons font une autre partie de la nourriture des esclaves. La France fait saler peu de viandes. Celles qu'elle envoie dans nos îles ne seroient pas suffisantes, et cependant on ne voit pas que cette considération ait déterminé les négociants

François à envoyer acheter des viandes salées dans les pays où leur meilleur marché faciliteroit au commerce du royaume les moyens d'en approvisionner nos colonies, qui sont encore obligées d'en recevoir de l'étranger.

Avant l'arrêt du 30 Août 1784, le baril de boeuf salé d'Irlande introduit dans nos îles par des bâtiments François s'y vendoit environ 84 liv. Alors l'Irlandois, à qui l'entrée de nos colonies étoit fermée, envoyoit vendre ses salaisons en France, et pour en avoir un débouché prompt et assuré, il étoit obligé d'accorder terme, et même de se contenter d'un prix modéré, de peur, s'il avoit voulu vendre trop cher, de s'exposer à garder et à perdre une denrée susceptible de se corrompre quand elle n'est pas consommée dans l'année, et le spéculateur François, fort de cette nécessité, faisoit la loi à l'Irlandois. Depuis qu'en vertu de l'arrêt du 30 Août 1784 ce dernier peut porter ses salaisons dans les colonies Françoises, il n'en introduit plus en France ; ou s'il le fait, et qu'il n'en trouve pas un prix qui lui convienne, il les remporte et les expédie pour l'Amérique. Il s'est rendu le fournisseur de nos îles. Il y donne la loi. Il y a fait monter à 115 et 120 liv. le baril de boeuf, qui auparavant ne valoit que 84 liv. Supposons actuellement que l'arrêt du 30 Août 1784 n'eût jamais existé, et que cependant dans nos îles le baril de boeuf eût monté au prix excessif de 115 et 120 liv., du moins on conviendra que le bénéfice de cette vente auroit tourné au profit de notre commerce, au lieu que c'est l'étranger qui se l'est approprié, et qui, en nous ôtant un assortiment pour nos cargaisons, a encore trouvé le moyen d'augmenter sa navigation aux dépens de la nôtre, puisque c'est lui qui porte dans nos colonies le boeuf salé que nous y portions autrefois, et qu'en bonne administration jamais la France n'auroit dû permettre qu'au sein de la paix il fût rien transporté d'Europe dans nos îles, autrement que sur nos propres vaisseaux.

Le poisson salé est un objet aussi important que les salaisons en viande. Mais il paroît certain que la pêche Françoise ne peut pas seule fournir le poisson nécessaire à l'approvisionnement de nos îles. On n'aura pas de peine à se convaincre de son insuffisance, si on considère ; 1°. que celle de Terre-Neuve, qui est la plus considérable, commence plus tard pour nous que celle des peuples, placés plus près des mers où elle se fait; 2°. qu'elle finit plutôt ; 3°. que dans ses traités, avec les autres puissances, la France a négligé de se réserver des terreins suffisants pour ses pêcheries, et où ses bâtiments pêcheurs pussent braver l'inclémence des saisons, et former des dépôts de poisson, destiné à être porté successivement aux colonies, où les chaleurs ne permettent pas qu'il se conserve, ce qui nous oblige de recourir, pour cet objet, aux nations à qui la nature a accordé des avantages de position qu'elle nous a refusés.

C'est ici que le commerce de France paroît s'être mépris, lorsqu'il a avancé que la pêche nationale pouvoit seule fournir nos colonies. Sans doute, elle peut donner plus de poisson que nos colonies n'en peuvent consommer. Mais notre pêche étant instantanée, tandis que la consommation est journalière et continuelle dans nos îles, où les chaleurs excessives ne permettent pas d'y garder le poisson, il résulte delà qu'il ne peut y arriver qu'à fur et mesure qu'il se consomme. Or, la France n'a aucun poste où elle puisse déposer le poisson de sa pêche, en attendant le moment de l'envoyer successivement dans nos îles. Ses envois ne peuvent se faire, pour ainsi dire, qu'à la fois; et du moment où elle les a finis, jusqu'à celui où elle peut les recommencer, c'est-à-dire, dans l'intervalle d'une pêche à l'autre, il s'écoule un laps de temps, pendant lequel il faut que nous recevions du poisson étranger. Cette dépendance durera aussi long-temps que le manque des pêcheries suffisantes nous ôtera les moyens d'approvisionner nous-mêmes nos îles pendant toute l'année.

Enfin nos îles emploient, dans leurs constructions, beaucoup de bois que la France ne sauroit leur procurer, et elles sont encore sur ce point tributaires de l'étranger.

J'ai cru devoir entrer dans ces détails, parce que c'est sur la vérité et l'exactitude de tous ces faits que roule aujourd'hui la grande difficulté subsistante entre le commerce de la France et nos colonies.

Si ces faits sont certains, il en résulte que nos colonies sont dans la nécessité de recourir à l'étranger. Si elles en reçoivent des secours, il faut qu'elles les paient. Si elles n'ont que des denrées à donner en paiement, il faut donc nécessairement qu'elles paient en denrées. Doit-on s'étonner maintenant des abus que ce concours de circonstances doit entraîner; et ne peuvent-ils pas justifier les plaintes du commerce? Vaut-il mieux le ruiner que de les faire cesser? Et d'un autre côté pour y mettre fin, faut-il priver les colonies des secours que la France ne peut pas leur fournir?

Sans doute, entre ces deux extrêmes il est un milieu à prendre. Mais c'est en vain, je crois, qu'on se flattera de concilier deux intérêts si opposés aussi long-temps que les colonies demeureront sous l'empire du pouvoir arbitraire, et que leur existence et leur sort seront en quelque façon entre les mains d'un petit nombre d'hommes à qui leur administration a été confiée. Ces hommes n'étant pas toujours à l'abri de l'erreur ou des passions, rendront par leurs méprises, ou par d'autres causes, la situation des colonies précaire et sujette à trop de changements et de variations, et ces variations continueront d'influer sur le commerce, et de l'exposer à ces évènements désastreux dont jusqu'ici il a souvent ressenti les effets.

Il n'y a qu'une administration coloniale qui puisse faire cesser tant d'inconvéniens, en donnant aux choses cette stabilité seule capable d'assurer à la fois la prospérité de nos îles et celle de notre commerce. Mais la raison d'état permet-elle d'accorder aux colonies une administration qui pourroit les conduire un jour à se rendre indépendantes? C'est une question qu'on peut examiner.

La politique semble ne voir jamais dans l'homme qu'un être cherchant constamment à secouer le joug. Il ne tenoit qu'à elle de le lui faire aimer. Il suffiroit de consacrer, à le rendre heureux, cette énergie qu'elle a trop souvent employée à serrer ses chaînes et à appesantir ses fers. Mais après tout, où sont donc aujourd'hui ces peuples toujours prêts à se révolter? Peut-on se dissimuler que souvent ils souffrent, et cependant ne voit-on pas que le moindre adoucissement à leur sort, le moindre rayon d'espérance, leur fait supporter patiemment leurs souffrances, si du moins il ne les leur fait pas oublier? Dans ces momens de commotion et de crise, où la fermentation paroît extrême, remarque-t-on que tous les esprits se laissent entraîner? Les lumières acquises ne viennent-elles pas ramener le calme, et faire sentir aux hommes que le remède à un mal est souvent pire que le mal même, et que si la tyrannie est une grande calamité, l'insurrection en est une plus grande encore? La révolution de l'Amérique Septentrionale n'est-elle pas dans une classe particulière, et n'a-t-elle pas des causes qui n'existant pas pour beaucoup d'autres peuples, ne peuvent pas produire chez eux les mêmes effets? Est-il raisonnable de croire que cet exemple puisse être imité par nos colonies? Comment pourroient-elles se séparer de la France, et se rendre indépendantes? Les blancs et les hommes libres n'y sont pas en assez grand nombre, pour exécuter seuls un pareil projet? Iront-ils armer leurs esclaves, et se faire seconder par eux? Mais qui ne voit qu'ils courroient le risque certain d'être victimes d'une conduite si imprudente, et que les noirs, appellés pour soutenir leurs maîtres, commenceroient par les massacrer, pour se procurer à eux-mêmes la liberté? Ne pouvant établir leur indépendance, nos colonies chercheroient-elles à se donner un nouveau maître? Que gagneroient-elles à ce marché, et si le joug de la France leur semble pesant, quel autre joug pourroient-elles désirer qui fût plus léger? Qu'elle nation voudroit devenir maîtresse de nos îles, à condition d'y admettre librement toutes les autres nations? Et si nos îles, en changeant de maîtres, continuent malgré cela de rester sous l'empire du privilège exclusif, quel avantage trouveroient-elles à s'être séparées de la France?

Mais si l'intérêt même de nos colonies garantit leur fidélité, combien leur patriotisme et leur attachement pour la France ne rendent-ils pas ce gage encore plus assuré? Pourroit-on douter de cet attachement, lorsqu'elles en ont donné tant de preuves? Ne les a-t-on pas vues fidèles lors même qu'elles avoient le plus à se plaindre de l'oppression sous laquelle elles gémissoient? N'a-t-on pas vu augmenter leur fidélité envers la France dans ces guerres malheureuses, où le sort des combats avoit donné à nos ennemis tant d'avantage sur nous? Réduites alors aux plus tristes extrémités, et prêtes à ressentir les horreurs de la famine, pour écarter ce fléau, et rappeller l'abondance, il leur suffisoit d'ouvrir leurs ports à l'ennemi, qui les tenoit bloqués. Ne les a-t-on pas vues oublier leur détresse, courir aux armes, et ne songer qu'à le repousser, et à défendre une patrie qui, loin de les seconder, ne pouvoit même pas les nourrir?

Non : une administration établie sur une base fixe et des principes équitables et confiée aux colonies, loin de devenir une arme dangereuse entre leurs mains, ne sauroit que resserrer les liens qui les attachent à la France, puisqu'elle assurera leur prospérité particulière, et qu'elle contribuera en même temps à l'avantage et au succès du commerce national. En effet c'est le défaut de stabilité dans leur régime qui les expose à ces vicissitudes dont elles ont tant à souffrir, et qui fait éprouver à nos armements tant de révolutions désastreuses, en ce que souvent, faute de connoître, d'une manière certaine et assez à temps, l'étendue des secours que la loi impérieuse du besoin oblige les colonies à tirer de l'étranger, nos négociants ne peuvent plus diriger leurs opérations d'après aucuns calculs, et hésitent d'envoyer des denrées quand il faudroit le faire, tandis qu'ils font des envois lorsqu'il ne le faut pas.

Les administrations coloniales convenablement formées et subordonnées à un bureau des colonies, établi à Versailles, lequel seroit composé de membres du conseil, de quelques députés nommés librement par les colonies, et de quelques députés aussi nommés librement par les chambres de commerce, et qui tous auroient voix délibérative dans ce bureau; ces administrations, dis-je, outre la direction des affaires intérieures particulières à la colonie, seroient autorisées à fixer à la suite des ouragans, ou dans les circonstances où le besoin l'exigeroit, la quantité de grosses farines étrangères, nécessaires à la nourriture des Nègres. Il en seroit de même des farines fines destinées à la nourriture des hommes libres dans le moment de disette ; mais, autant que possible, les administrations feroient venir et distribuer elles-mêmes les fines farines de manière que celle de France fût assurée d'avoir toujours un débouché assez avantageux pour permettre à la métropole de continuer à en envoyer.

La pêche nationale pouvant approvisionner nos îles, en temps de paix, pendant 4 mois de l'année, le poisson étranger n'y seroit reçu que pendant les 8 autres mois. Mais si l'approvisionnement, à fournir en temps de paix par les bâtiments François, venoit à manquer, ou si la morue de pêche Françoise passoit 30 liv. le quintal, l'administration permettroit l'introduction du poisson étranger, avec des précautions telles que le prix fût ramené et soutenu à 30 liv. et que nos pêcheurs ne vendissent pas au dessous.

Les colonies ne doivent pas se dissimuler que la pêche étant une pépinière de matelots, on ne sauroit trop l'encourager dans un état maritime, et il est hors de doute qu'elles contribueront à la favoriser, en soutenant le poisson au prix qu'il peut valoir en France; et quel inconvénient y auroit-il qu'il valût le même prix et dans la métropole et dans les colonies? Qui est-ce qui consomme en France le poisson salé? C'est l'habitant des campagnes, et principalement le vigneron. Qui est-ce qui fait vivre en France l'habitant des campagnes? C'est le travail des terres. Or, la terre en France est-elle plus productive qu'aux îles? Si elle ne produit pas plus, et que cependant elle permette au vigneron de manger de la morue, dont le quintal vaut 30 liv. la même morue vendue 30 liv. au colon, qui la distribue à ses nègres, seroit-elle pour lui à un prix exorbitant?

Les décisions de l'assemblée coloniale, et notamment celles relatives à l'introduction des comestibles, venant de l'étranger, seroient rendues publiques aussi-tôt que rendues, et adressées au bureau des colonies à Versailles, pour avoir sa sanction. Cependant elles pourroient être exécutées par provision, à moins que, relativement aux fines farines et au poisson salé, les chefs, supérieurs de la colonie, ne jugeassent à propos d'en modifier ou d'en suspendre l'exécution, jusqu'à ce qu'elles eussent obtenu l'approbation du bureau.

Malgré les voeux que tous les hommes sensibles forment pour l'affranchissement des Nègres, il est bien à craindre que leur esclavage ne dure jusqu'au moment où les colonies pourront se passer de leurs secours. Mais, en attendant que ce moment arrive, il est du moins possible de travailler à adoucir leur sort. C'est encore un objet dont les assemblées coloniales seroient chargées ; et en voyant tant des maîtres compatissants traiter leurs esclaves avec tant de soins et d'humanité, et tirer un si grand parti de leurs atteliers, sans cependant exiger d'eux un travail au dessus de leurs forces, peut-on croire qu'il seroit au dessus de celles des assemblées, de ramener quelques maîtres barbares à des sentiments plus équitables et plus modérés envers leurs esclaves?

On éprouve une surprise mêlée de regrets, lorsqu'on considère que jusqu'ici on a si peu multiplié dans nos îles l'usage de la charrue. Cet usage rencontreroit-il donc des obstacles qu'on ne peut pas surmonter, au moins dans un plus grand nombre d'endroits ? A-t-on fait assez d'efforts pour justifier le dégoût qu'on paroît avoir pour de nouveaux essais? Et un travail opiniâtre ne vient-il pas à bout de bien des difficultés ? On voit des Anglois opulents envoyer en Arabie, et en faire venir à grands frais, de superbes étalons, espérant se rendre recommandables dans leurs comtés, en multipliant, dans leur pays, la race des beaux chevaux ; et souvent un riche colon vient afficher en France un luxe qu'il suppose devoir lui mériter une grande considération. Avec le quart de ce qu'il lui en coûte, pour ne s'attirer souvent que des ridicules, il introduiroit, sur son habitation, la charrue à boeufs ou à buffles, en suivant les procédés observés, soit en Europe, soit en Asie, dans les pays montagneux, où le labourage rencontre nécessairement plus d'obstacles que dans les pays de plaines ; il réussiroit à la faire passer dans des endroits où jusqu'ici on a cru impossible de la mener. Il simplifieroit le travail de sa culture, il diminueroit ses dépenses, son exemple ne tarderoit pas à avoir des imitateurs, il deviendroit le bienfaiteur de l'humanité, et se rendroit célèbre en mettant en pratique les vrais, les seuls moyens peut-être, qui peuvent conduire à faire cesser l'esclavage, et qui consistent, 1°. à diminuer par gradation le nombre des esclaves, afin de pouvoir ensuite les remplacer par des hommes libres, sans exposer la culture ni la tranquillité des colonies, par un affranchissement subit et aussi impossible à concevoir, qu'à pratiquer dans l'état actuel des choses; 2°. à diminuer encore le nombre des esclaves, afin de pouvoir alors adoucir leur sort, puisque la gêne où ils sont tenus, et la sévérité avec laquelle ils sont traités, semblent être un effet de ces précautions que leurs maîtres croient devoir prendre pour établir leur sûreté personnelle, et que moins les esclaves seroient nombreux, moins ils seroient à craindre, et plus par conséquent les maîtres pourroient se livrer à ces sentiments humains que la nature inspire, mais que la politique semble repousser.

Les tribunaux de la colonie continueroient de juger les différends entre particuliers ; mais si quelque calamité ou des circonstances particulières nécessitoient, en faveur des débiteurs, quelques surséances à l'exécution des jugements, elles seroient accordées par l'administration, après qu'elle auroit vérifié les raisons du débiteur, pour obtenir cette grace. Mais en même temps elle fixeroit un nombre d'esclaves du débiteur, qu'elle déclareroit domestiques, et que le créancier seroit autorisé à faire vendre, si le débiteur ne se libéroit pas dans le délai prescrit : si ce moyen n'étoit ni suffisant ni convenable, on pourroit introduire l'usage des séquestres.

Il paroîtra étrange peut-être qu'on propose d'accorder aux administrations coloniales un droit qui les mettroit à même de sacrifier l'avantage du créancier, qui est presque toujours l'habitant de la métropole, à l'avantage du débiteur, qui est toujours le colon. Mais la crainte d'un pareil abus deviendroit chimérique. Il est hors de doute que les administrations coloniales, appellées à traiter de grands intérêts, prendront l'esprit propre à les conduire, et que connoissant le rapport qui existe entre les colonies et la France, elles ne s'écarteront pas du système que ce rapport nécessite. Iront-elles se déshonorer par des prévarications et des injustices ? Quoiqu'un corps ne soit pas toujours plus exempt de passions qu'un particulier, il en est qui ne sauroient agir sur lui, ou du moins auxquelles il ne cède pas, parce qu'il est retenu par des considérations qui n'ont pas le même pouvoir sur les hommes pris séparément, attendu que ces derniers n'ont qu'une existence passagère, au lieu que l'existence d'un corps est fixe et durable. D'ailleurs un particulier qui a encouru la censure publique, peut s'y dérober, en allant au loin cacher sa honte ; mais un corps ne sauroit fuir ; il faut qu'il reste exposé aux traits du blâme qu'il a mérités, et qui retombent sur tous ses membres indistinctement, quand même plusieurs d'entre eux ne se seroient pas rendus coupables ; et cette raison, abstraction faite des efforts que les hommes vertueux, qui se rencontrent toujours dans les corps, emploient, pour rappeller à l'ordre et au devoir ceux qui tentent de s'en écarter, cette raison, dis-je, est un des principaux soutiens de l'intégrité de ces mêmes corps, qui résistent à la corruption dans des moments où les individus y succomberoient. Enfin si on craint des abus de la part des administrations coloniales, rien ne peut empêcher d'avoir les mêmes craintes sur les administrations provinciales à établir dans le royaume; car quel sera le but plus particulier de leur établissement ? Celui de fixer l'assiette et la perception de l'impôt, d'une manière moins onéreuse pour les contribuables. Mais un impôt étant toujours une charge pour les peuples, et les membres des assemblées de provinces étant dans le cas d'en payer leur cote part, il s'ensuivroit donc qu'il ne faudroit pas établir d'administrations semblables, attendu qu'on peut supposer que les efforts de ces membres tendroient à diminuer les revenus publics, par la crainte de s'imposer eux-mêmes en imposant les autres, ou bien qu'ils s'attacheroient à faire retomber sur les autres tout le fardeau de l'impôt, pour s'en soulager eux-mêmes. Une pareille supposition seroit une injustice outrageante à l'égard des assemblées provinciales et coloniales.

LES comestibles, introduits dans nos colonies par les étrangers, seroient payées en syrop, ou taffia *, et les autres denrées coloniales ne pourroient être exportées que pour la

---

* Une barique de syrop rend à la distillation une barique de rum ou taffia, qui vaut habituellement le double du syrop. L'Amérique Septentrionale nous fournit des denrées, et comme elle consomme beaucoup de taffia, elle reçoit en échange de ce qu'elle nous livre nos syrops, qu'elle distille ensuite elle-même. Il est constant que si nous ne lui vendions que du taffia, nos moyens d'échange envers elle doubleroient, puisqu'avec un million en taffia nous solderions la même dette que nous ne pouvons acquitter qu'avec deux millions en syrop. Ce calcul, tout simple qu'il est, n'a pas encore déterminé nos colonies à faire distiller leur syrop.

France. Mais quand ces denrées tomberoient au dessous d'une valeur qu'on détermineroit, et qu'elles doivent avoir, pour que le colon retire ses frais de culture et ses autres dépenses, alors les administrations en permettroient la sortie à l'étranger, jusqu'à ce que les denrées fussent remontées à la valeur fixée. Seulement les capitaines ou armateurs François qui voudroient les prendre et les conduire en France, pour leur compte, pourroient, en les payant comptant, à la valeur fixée, les arrêter au moment où on les embarqueroit pour l'étranger, et les charger à bord de leurs navires ; et aucun colon ou négociant dans nos îles ne pourroit rien embarquer pour l'étranger, à moins d'avoir fait annoncer dans les affiches du lieu la quantité des denrées qu'il voudroit faire sortir pour cette destination.

L'ÉQUITÉ et l'intérêt général imposent l'obligation de soutenir dans nos îles le prix de leurs denrées, de manière à les empêcher de tomber au dessous d'un taux raisonnable. En effet on voit que la valeur de tout ce qui entre dans le commerce augmente sensiblement à chaque série d'un certain nombre d'années. Les fermages, ou si on veut, les revenus produits par l'exploitation des terres, éprouvent la même progression. Mais ces fermages ou ces revenus ne peuvent être payés qu'avec les fruits de la terre, lesquels doivent avoir une valeur suffisante, pour les aquitter et pour fournir en outre aux frais de la main d'oeuvre nécessaire à l'exploitation Or, cette valeur elle-même doit être proportionnée au prix où toutes les choses se trouvent montées à l'époque où elle doit remplir l'objet auquel elle est destinée ; car si une terre supposée produire, par exemple, 3000 liv. somme nécessaire pour payer les fermages et les frais d'exploitation, ne donne plus au fermier que 2400 liv. parce que les denrées qu'elle fournit ont baissé de valeur, et que cependant les charges et les frais restent les mêmes que si elle produisoit encore 3000 liv. il résulte alors un vide de 600 liv. qui, en obérant à la longue le locataire, finiroit par nuire au propriétaire et ruiner la culture de la terre ; et en appliquant au colon l'exemple du propriétaire de la métropole, si ce colon ne vendoit pas, en 1790, ses denrées plus qu'il ne faisoit en 1770, et que cependant il fût obligé de payer en 1790 ses frais d'exploitation et les marchandises de la métropole au prix où l'augmentation progressive des choses les auroit fait arriver à cette dernière époque, il s'ensuivroit pour le colon une perte certaine, et qui rejailliroit sur la culture.

Ces vérités, toutes incontestables qu'elles sont, pourront bien n'être pas goûtées par quelques individus, que l'intérêt personnel domine et rend injustes; mais ce n'est pas à eux que je soumets l'examen du système que je viens établir; c'est au commerce, et il est de son essence de rejeter les vues d'intérêt particulier, et de ne s'attacher qu'aux idées d'intérêt général.

Un homme que l'intérêt domine se livre souvent sans scrupule à la fraude: mais indépendamment des sentiments moraux qui la rendent condamnable aux yeux de l'homme vertueux, elle répugne encore au commerce par cela seul, que si elle est générale, elle ne profite à personne, et que si quelques-uns seulement la font, elle nuit au plus grand nombre qui s'en abstient, et le commerce ne voit jamais que l'intérêt du plus grand nombre.

Un homme que l'intérêt domine voit sans pitié son pays menacé de la famine: que dis-je? il l'affameroit peut-être lui-même, parce que la disette peut lui fournir l'occasion de vendre des grains. Mais outre que des bénéfices acquis par le malheur public affligent le commerce, il desire encore l'abondance, parce que dans des temps de calamité, lorsque le peuple trouve à peine de quoi payer son pain, il ne consomme plus les autres denrées, et que delà il résulte un manque général de débouchés nuisible au commerce.

Un homme que l'intérêt domine demande la guerre, quand il espère y trouver son avantage: mais le commerce désire toujours la paix, parce qu'indépendamment du sang que la guerre fait répandre, son commencement et sa fin sont accompagnés de révolutions impossibles à prévoir et à calculer, et de pertes ruineuses qui ne sont jamais balancées par les bénéfices acquis pendant sa durée; que si dans des moments elle occasionne une grande activité, ce mouvement est trop souvent suivi d'un grand repos, et qu'il faut au commerce une action durable et constante.

Un homme que l'intérêt domine sacrifieroit à sa spéculation du moment toute la prospérité des colonies. Que lui importe, pourvu qu'il vende cher ses marchandises, et qu'il en convertisse la valeur en denrées achetées à grand marché et sur la vente desquelles il espère faire un autre bénéfice? Que lui importe, dis-je, que les colonies voient ensuite leur culture ne pouvoir plus subvenir, ni à l'entretien des atteliers, ni aux besoins des colons? Mais le commerce porte ses regards au delà du présent. Il n'ambitionne les bénéfices du moment, qu'autant qu'ils ne détruisent pas ceux que l'avenir lui donne l'espoir de recueillir. Et d'ailleurs la prospérité du colon l'intéresse, et il s'efforce d'y contribuer, parce qu'il sait que la sienne propre y est attachée. Sans doute le bien de l'état impose au colon la nécessité de recourir au commerce national, exclusivement à tout autre; mais le commerce sent que cette exclusion suppose qu'il pourra fournir aux besoins du colon, et faire valoir sa denrée le prix raisonnable qu'elle doit avoir. S'il ne peut pas y suffire, il ne trouve pas injuste que le colon ait recours à d'autres; seulement il insiste pour que cette faculté, toute naturelle qu'elle est, ne dégénère pas en abus, et pour rentrer dans tous ses droits de fournir les colonies, lorsque les circonstances, devenues plus favorables, lui permettront de reprendre le cours de ses approvisionnements.

C'est sur cette base équitable que paroît devoir poser tout le système fait pour lier ensemble les colonies Françoises et le commerce du royaume, et il est étonnant que des principes aussi évidents n'aient pas fait rendre jusqu'ici des loix, ni établir des règles assez claires et assez précises pour prévenir ces disputes qui depuis si long-temps subsistent entre nos îles et nos ports maritimes, et pour ne plus laisser dépendre leur sort des caprices de l'arbitraire.

Vous représentez, Messieurs, le commerce de Bordeaux. La place que vous occupez, et vos qualités personnelles, vous rendent juges compétents dans une affaire si intéressante: puis-je mieux faire que de soumettre mon opinion à vos lumières, et de vous prier de décider si, dans les circonstances actuelles, les réflexions que j'ai l'honneur de vous adresser peuvent être de quelque utilité. Je vous avoue qu'en me déterminant à vous les présenter, j'ai consulté mon zèle plus que mes forces; car je ne me dissimule pas que, pour traiter convenablement une semblable question, il faut des talents que je n'ai pas. Mais vous l'avouerai-je? Dans un moment où la nation assemblée s'occupe de seconder les vues bienfaisantes du Roi, en cherchant à remédier aux maux dont la France est affligée, il m'a paru surprenant que chaque classe se soit bornée à faire dresser des cahiers de doléances, et que presqu'aucune d'elles ne se soit occupée d'établir sur quoi on fonde les redressements demandés. Qui ne sait que beaucoup de ces doléances, rédigées à la hâte, et par une nation qui, privée depuis long-temps de l'exercice de ses droits, a perdu l'habitude de les discuter; qui ne sait, dis-je, que la plupart de ces doléances forment un assemblage de beaucoup de demandes contradictoires, et peut-être impossibles à accorder? Les plaintes du commerce, relativement aux colonies, ne sont pas de ce nombre: il peut démontrer, par des raisons solides, qu'il s'y passe des abus dont il est souvent la victime: mais le moyen de faire goûter ces raisons, c'est de discuter impartialement les droits des deux parties, et c'est ce qui jusqu'ici paroît n'avoir été fait ni par l'une ni par l'autre; car faut-il le dire? l'esprit d'interêt particulier semble avoir souvent guidé la plume de leurs défenseurs, plus encore que des vues générales de bien public.

Puisse ma lettre contribuer à répandre un plus grand jour sur une question si importante, en engageant d'autres personnes à la traiter d'une manière plus étendue. Puisse mon exemple inviter, soit dans le commerce, soit dans d'autres classes, ceux de leurs membres qui se sentent animés de quelques vues avantageuses, à soumettre avec confiance leurs idées à l'examen de leurs chefs. Quel fruit la France ne retireroit-elle pas de ce concours d'efforts qui, en répandant la lumière sur une multitude d'objets dont on a jusqu'ici qu'entrevu l'utilité, mettroient les états-généraux ou les assemblées provinciales à portée de prononcer, avec une entière connoissance de cause, sur tant d'objets intéressants, mais qui ont encore besoin d'être discutés et approfondis ? Et quel citoyen ne seroit pas assu de trouver ses chefs toujours disposés à seconder son zèle quand ce zèle auroit pour but le bien public et le désir d'êtr utile à la patrie?

JE suis avec respect,

MESSIEURS,

VOTRE très-humble et très-obéissant serviteur,

HACHE.

Bordeaux, Juin 1789.

www.ingramcontent.com/pod-product-compliance
Lightning Source LLC
Chambersburg PA
CBHW060631050426
42451CB00012B/2538